BEI GRIN MACHT SICH IHR WISSEN BEZAHLT

- Wir veröffentlichen Ihre Hausarbeit,
  Bachelor- und Masterarbeit

- Ihr eigenes eBook und Buch -
  weltweit in allen wichtigen Shops

- Verdienen Sie an jedem Verkauf

Jetzt bei www.GRIN.com hochladen und kostenlos publizieren

Warum mussten die Syrerinnen und Syrer ihr Land verlassen? Geschichte, Bürgerkrieg und aktuelle Lage

Oskar Naumann

Bibliografische Information der Deutschen Nationalbibliothek:

Die Deutsche Nationalbibliothek verzeichnet diese Publikation in der Deutschen Nationalbibliografie; detaillierte bibliografische Daten sind im Internet über http://dnb.d-nb.de abrufbar.

ISBN: 9783346422323
Dieses Buch ist auch als E-Book erhältlich.

Druck und Bindung: Books on Demand GmbH, Norderstedt Germany
Gedruckt auf säurefreiem Papier aus verantwortungsvollen Quellen

Das vorliegende Werk wurde sorgfältig erarbeitet. Dennoch übernehmen Autoren und Verlag für die Richtigkeit von Angaben, Hinweisen, Links und Ratschlägen sowie eventuelle Druckfehler keine Haftung.

Das Buch bei GRIN: https://www.grin.com/document/1024683

Inhaltsverzeichnis

1. Einleitung 1

2. Geschichte Syriens 1

3. Regierung Syriens 2

4. Bevölkerungsgruppen/ Religionen 3

5. Der Arabische Frühling 4

6. Bürgerkrieg 6

   6.1 Akteure des Bürgerkriegs 6

   6.2 Der Weg in den Bürgerkrieg 8

   6.3 Menschenrechtsverstöße 9

      6.3.1 Menschenrechtsverstöße durch Regierungstruppen 10

      6.3.2 Menschenrechtsverstöße durch bewaffnete Gruppen 12

7. Gefahren der Flucht 13

8. Aktuelle Lage 14

9. Fazit 15

10. Quellen 17

11. Anhang 22

1. Einleitung

Weltweit sind circa 79,5 Millionen Menschen auf der Flucht (vgl. UNHCR 2020: o.S.). Dies entspricht in etwa der Bevölkerung der Bundesrepublik Deutschland. Syrerinnen und Syrer bilden mit 6,6 Millionen die größte Gruppe, der sich auf der Flucht befindenden Personen (vgl. UNHCR 2021: o.S). Menschen werden aus vielfältigen Gründen zu Flüchtlingen. Nach Art. 1 der Genfer Flüchtlingskonvention von 1951, welches ein internationales Abkommen über die Rechtsstellung der Flüchtlinge ist, ist ein Flüchtling eine Person, die sich „aus einer begründeten Furcht vor Verfolgung wegen ihrer Rasse, Religion, Nationalität Zugehörigkeit zu einer bestimmten sozialen Gruppe oder wegen ihrer politischen Überzeugung außerhalb des Landes befindet, dessen Staatsangehörigkeit sie besitzt und den Schutz dieses Landes nicht in Anspruch nehmen kann oder wegen dieser Befürchtungen nicht in Anspruch nehmen will" (UNHCR 2015: S. 7). Hanns Wienold ergänzt diese Definition um die Verfolgung wegen „sexueller Präferenzen" und definiert den Hintergrund von Flucht in gewaltsam ausgetragenen inner- und zwischenstaatlichen Konflikten oder Umweltkatastrophen (vgl. Wienold 2020: S. 230f.).

Was die Menschen aus Syrien zur Flucht treibt, soll in dieser Hausarbeit dargestellt werden. Ein Anspruch auf Vollständigkeit oder vertiefte Ausführungen wird aufgrund der Komplexität des Themas nicht gestellt. Dennoch wird sowohl auf die geschichtliche Entwicklung, Regierung, Bevölkerungsgruppen und Religionen Syriens sowie den Arabischen Frühling, den darauffolgenden Bürgerkrieg und im Zuge dessen stattfindenden Menschenrechtsverstößen eingegangen. Nachdem die Gefahren der Flucht widergespiegelt werden, wird die aktuelle Lage dargestellt. In einem Fazit wird ein Ausblick gegeben, wie sich die Situation der Syrerinnen und Syrer in Zukunft darstellen könnte.

2. Geschichte Syriens

Seit der Antike ist Syrien durch eine wechselnde Herrschaft externer Mächte geprägt. Nachdem Syrien islamisiert wurde, regierte ein arabischer Familienclan, die Ummayaden, das Land und machte Damaskus zu ihrer Hauptstadt. Im Jahr 750 wurde dieser durch die Abassiden gestürzt. Damaskus verlor schnell an Bedeutung. Nachdem Saladin, der Sultan von Ägypten, Israel eroberte, wurde Damaskus die Hauptstadt unter der von ihm gegründeten Ayyubidendynastie. Die Osmanen annektierten die Region im Jahr 1516 und waren dort bis zum 1. Weltkrieg an der Macht. Während des 1. Weltkriegs verbündete sich das Osmanische mit dem Deutschen Reich. Durch das nach dem Krieg geschlossene Sykes-Piquet-Abkommen wurde das Osmanische Reich in französische und britische Mandatsgebiete aufgeteilt. Frankreich erhielt hierbei das Mandat über den Libanon und Syrien (vgl. Schweizer 2016: S. 480-486). Sowohl in der ersten Verfassung des neuen Syriens im Jahr 1930, als auch in späteren Verfassungen, wurde keine Staatsreligion erwähnt. Allerdings wurde bestimmt, dass der Staatspräsident ein Muslim sein sollte (vgl. Riedel 2017: S. 17f.). Erst 1946 wurde Syrien zu einem unabhängigen Staat mit den Grenzen, wie sie heute auf der Landkarte gesetzt sind. Dieser komplexe historische Hintergrund des Landes, hat eine große Auswirkung auf die ethnische und religiöse Aufteilung der Bevölkerung. Seit 1971 wird Syrien von der alawitischen Familie Assad regiert. Nach einem Staatsstreich im Jahr 1970 Hafiz-al Assad aus der Arabisch-Sozialistischen Baath-Partei an die Macht, woraufhin er ein Jahr später zum Präsidenten gewählt wurde. Nach seinem Tod 2000 erlangte sein Sohn Baschar al-Assad das Amt des Präsidenten, welche er bis heute innehat (vgl. Schweizer 2016: S. 488-495).

3. Regierung Syriens

Nach dem Amtsantritt von Baschar al-Assad im Jahr 2000, verspürte die syrische Bevölkerung, durch die erstmals kontrollierte Liberalisierung der Wirtschaft einen Hauch von Modernisierung. Daran knüpften vor allem die urbanen Ober- und Mittelschichten Hoffnung. Zu der Zeit galt Assad als pragmatischer, aber seinen Prinzipien treu bleibender Modernisierer, welcher sich zunächst von der alten Garde loslösen musste, um einen Wandel durch Kontinuität umzusetzen (vgl. Bank/Mohns 2013: S.87f.).

Assad präsentierte sich zunächst als Reformer in verschiedenen Sektoren. Er erlaubte Rede- und Pressefreiheit, ordnete die Freilassung von politischer Gefangener an und ließ zu, dass erstmals private unabhängige Medien und frei diskutierende Bürgerforen gegründet werden. Das Image eines liberalen, weltoffenen Reformers blieb aber kaum ein Jahr bestehen. Die syrische Bildungsschicht kritisierte vermehrt die nur halbherzige Meinungsfreiheit und die Korruption ranghoher Parteiaktionäre. Durch die wachsende Kritik wurde die absolute Macht der Regierung immer mehr in Frage gestellt. Assad ließ daraufhin eine Reihe syrischer Intellektueller festnehmen und in Gefängnissen verschwinden (vgl. Schweizer 2016: S. 414ff.).

Durch mehrere Wirtschaftsreformen lockerte er die Prinzipien der Planwirtschaft und billigte kleinen Privatbetrieben mehr Entfaltungsspielraum. Damit propagierte der junge Präsident einen Wechsel von der Staatswirtschaft zur Marktwirtschaft. Das Wirtschaftswachstum stieg daraufhin auf sieben Prozent in den folgenden sechs Jahren. Eine tiefgreifende Wirtschaftsreform kam allerdings nicht zustande, da er die Privilegien der herrschenden Gruppen im Wirtschaftsleben, weder die seines eigenen Clans, noch die der verbündeten Großfamilien antastete. Während die Mehrheit des Volkes in eher bescheidenen

Verhältnissen leben musste, ballten sich die Vermögenswerte auf seiner und der Seite der Verbündeten (vgl. ebd.: S. 415f.).

Schon seit den 1960er Jahren, ist die Regierung Syriens durch den Assad-Clan in einer exzessiven Staats- und Überwachungsbürokratie verwurzelt. Auch nach dem Amtsantritt des Präsidenten hat sich entgegen aller Erwartungen nicht viel daran geändert. Baschar al-Assad zeigte schon vor 2011, wie sein Vater Hazid, dass er nicht davor zurückschreckt, Waffen und Gewalt gegen sein eigenes Volk einzusetzen, um das autoritäre Regime durchzusetzen. So kam es z. B. 2004 bei einem Fußballspiel der Profiliga zu einer Auseinandersetzung der Fans zweier Vereine. Assad entsandte daraufhin Einsatzkräfte, welche sich vor allem auf die kurdischen Fans konzentrierten. Offiziellen Angaben zur Folge, war damals von 14 Toten und zahlreichen Verletzten die Rede. Infolgedessen protestieren landesweit Kurden. Regierungseinrichtungen wurden angegriffen und Symbole der Assad-Herrschaft beschädigt. Die Hoffnung der Demonstranten, andere Oppositionelle gegen Assad zu mobilisieren wurde schnell wieder genommen, da das aggressive Vorgehen des Präsidenten gegen die Proteste in Syrien und im Ausland weitestgehend geduldet oder gleichgültig beobachtet wurde. Das Ergebnis der Protestaktionen, waren über 30 Tote und Frustration auf Seiten der Kurden (vgl. Schneiders 2013: S. 231f.).

4. Bevölkerungsgruppen/ Religionen

In Syrien leben circa 18,6 Millionen (Stand 2017) Menschen. Diese setzen sich zusammen aus überwiegend syrischen Arabern, Palästinensern und Irakern. Ethnische Minderheiten bilden die Kurden, Armenier, Turkmenen und Tscherkessen (vgl. Auswärtiges Amt 2019: o.S.).

Die Bevölkerungsgruppen verteilen sich auf verschiedene Religionsgemeinschaften, unter denen die Sunniten circa siebzig Prozent ausmachen. Etwa dreizehn Prozent der Bevölkerung sind Alawiten und neun Prozent Christen. Schiiten und Drusen machen jeweils circa drei Prozent aus. Auch einige Juden sind im Land vertreten (vgl. Bawey 2016: S. 22-26).

Im Folgenden soll das islamische Verständnis von Sunniten, Alawiten und Schiiten näher beleuchtet werden, um die Hintergründe des bis heute andauernden Bürgerkriegs und die dazugehörigen Konfliktparteien darstellen zu können.

Muhammad gilt bei den Muslimen als der letzte Prophet, der die Offenbarung Gottes erhielt. Nachdem Muhammad nach christlicher Zeitrechnung im Jahr 632 verstarb, war die Frage nicht eindeutig geklärt, wer seine politische Nachfolge in der muslimischen Gemeinschaft antreten sollte. Aus der historischen Perspektive wird der Unterschied zwischen den Sunniten und Schiiten mit dem Streit um diese Nachfolge begründet. Die Sunniten sehen den Kalifen als den

Nachfolger des Propheten Muhammad an, währenddessen die Schiiten den Imam, also Mohammads Cousin Ali, als ihren göttlich geleiteten Führer verehren. Was mit Streit und kriegerischen Auseinandersetzungen begann, endete in der Spaltung der muslimischen Gemeinschaft. Die Alawiten sind eine Glaubensgemeinschaft, welche sich im Laufe der Zeit aus dem schiitischen Islam herausgebildet hat (vgl. Bawey 2016: S. 22-26).

5. Der Arabische Frühling

Die Länder, welche sich im Nahen/Mittlere Osten befinden, gelten seit mehreren Jahrzehnten als Konfliktregionen und deren Regime meist als autoritär und korrupt. Gleichzeitig zeigten sich die arabischen Regierungen über diese Zeit als überwiegend stabil und anpassungsfähig. Diese vermeintliche Stabilität wird symbolisiert durch Herrscher, welche seit 20 oder teilweise sogar über 40 Jahren an der Macht sind (vgl. Asseburg 2011: o.S.). Als ein Beispiel für eine sehr lange Herrschaft ist Muammar al- Gaddafi zu nennen. Mit dem Staatsmodell, welches sozialistische und islamische Theorien verbindet und somit als islamischen Sozialismus bezeichnet werden kann, war Gaddafi 42 Jahre als Staatsoberhaupt Libyens an der Macht (vgl. Lacher 2011: o.S.).

Das von Unterdrückung und politischer Verfolgung geprägte Bild, fing langsam an sich aufzulösen, als der tunesische Gemüsehändler Mohamed Bouazizi, sich am 17. Dezember 2010 vor dem Gebäude der Stadtverwaltung von Sidi Bouzid selbst in Flammen setzte. Anlass dieser suizidalen Protestaktion, war die Konfiszierung seines Wagens und seiner Arbeitsgeräte durch eine Beamtin, da er keinen Gewerbeschein besessen haben soll. Mit dieser Art von Protest, löste Bouazizi eine Reihe von Protestkundgebungen in Tunesien gegen das autoritäre Regime aus (vgl. Schulze 2013: S. 18f.).

Initiiert wurden diese Proteste weitestgehend von der Jugend der Mittelschicht. Breite Teile der Zivilgesellschaft, vor allem Gewerkschaften und Berufsvereinigungen, schlossen sich ihnen an. Die Regierung Tunesiens versuchte daraufhin, die Proteste mit Gewalt niederzuschlagen, weswegen das Militär um Hilfe gebeten wurde. Die tunesischen Streitkräfte stellten sich aber, entgegen aller Erwartungen des Regimes, auf die Seite der Demonstrierenden und verhinderten somit eine blutige Auseinandersetzung. Daraufhin brach die tunesische Diktatur binnen weniger Tage zusammen und der damalige Präsident Ben Ali floh aus dem Land (vgl. Asseburg 2011: o.S.). Innerhalb eines Monats kam es auch in 15 anderen arabischen Ländern wie Ägypten, Bahrain, Libyen, Jemen und Syrien zu großen gesamtgesellschaftlichen Revolten (vgl. Schulze 2013: S. 18f.).

Die Proteste in Syrien wurden durch die Verhaftungen und vermeintlichen Folterungen einer Gruppe von Jugendlichen in der südsyrischen Stadt Dara'a Anfang März 2011 ausgelöst. Ihnen wurde vorgeworfen, regimekritische Graffiti an die Wände ihrer Schule mit der Schrift *„Das Volk will den Sturz des Regimes"* gesprüht zu haben. Infolgedessen kam es zu einer „Spirale" von Demonstrationen (vgl. Worms 2019: S.93). Bank und Mohns beschreiben es als ein „Protest-Repressions-Muster", wo auf Demonstrationen starke Repressionen des Regimes mit Gewalt und Toten folgten. Die Reaktion dieser Repressionen waren wiederum weitere Demonstration (vgl. Bank/Mohns 2013: 90).

Die Ursache der Mitte März 2011 vorerst lokal stattgefundenen Proteste sind hauptsächlich sozioökonomischer Natur, allerdings auf unterschiedlichster Art und Weise mit autoritären Herrschaftsstrukturen vor Ort verbunden. Problematisch waren die staatlichen Subventions- und Ausgabenkürzungen, welche stetig wachsende Schwierigkeiten für die Sicherung des Lebensunterhalts der urbanen Mittelschicht und der ärmeren ländlichen Bevölkerungsteile bedeuteten. Diese Kürzungen gingen mit der wirtschaftspolitischen Liberalisierung einher. Hinzu kam eine Wirtschaftsreform, welche die Wahrnehmung einer korrupten Staat-Unternehmer-Elite in der Bevölkerung verstärkte. Ein weiteres Problem hatten die ruralen Gebiete, welche von korrupten Provinzgouverneuren und Sicherheitsdiensten beherrscht und vom Staat weitestgehend vernachlässigt wurden. Daher kam es immer wieder zur Landflucht, welche durch eine jahrelange Dürrephase verstärkt wurde, die besonders den Süden und Nordosten Syriens traf und somit die Lebensgrundlage der dort lebenden Menschen bis gefährdete (vgl. Bank/Mohns et. al 2013: S.87f.).

Auch die Frauenbewegung macht einen großen Teil der syrischen Revolution aus. Schon zu Beginn schlossen sich Frauen, welche die unterschiedlichen Religionen Syriens vertraten, aber auch Atheistinnen mit dem Ziel zusammen, das Bewusstsein für die Bewegung zu fördern (vgl. Dunia 2012: S. 45).

Der Mut der syrischen Bevölkerung einen Aufstand durchzuführen, lässt sich zusammenfassend als gescheiterte Transformation der autoritären Herrschaft bezeichnen. Zu den Protesten führten letztendlich die Willkürherrschaft des Sicherheitsapparates, der ökonomische Niedergang der unteren Mittelschichten, die endemische Korruption sowie das Auseinanderdriften des Regimes und seiner ursprünglichen sozialen Basis (vgl. Hinnebusch 2012: S. 96ff.).

6. Bürgerkrieg

Bürgerkrieg ist ein „[...] bewaffneter Konflikt innerhalb eines Staates, d.h. nicht auf internationaler Ebene. Der Bürgerkrieg gilt völkerrechtlich formell nicht als Krieg. Im Regelfall wird der Bürgerkrieg zur Erlangung der Regierungsgewalt oder mit dem Ziel der Sezession eines Gebietes geführt. Konfliktparteien können nicht- staatliche und staatliche Gruppen sein." (Lenz/Ruchlak 2001: S. 32).

6.1 Akteure des Bürgerkriegs

Syriens Diktator Baschar al-Assad ist Alawit. Ebenso ist ein Großteil der Regierungsmitglieder, unter anderem ranghohe Offiziere und Verwaltungsbeamte in Schlüsselpositionen alawitischen Glaubens. Unterstützer und Sympathisanten des Regimes aus der Bevölkerung sind ebenfalls meist Alawiten (vgl. Schweizer 2016: S. 423). Des Weiteren genießen religiöse Minderheiten, den Schutz durch die Säkularisierung des Staates (vgl. Riedel 2017: S.17).

In seinem Werk „Syrien verstehen: Geschichte, Gesellschaft und Religion" aus dem Jahr 2016 schlussfolgert Gerhard Schweizer: „Wenn sich aber Macht und die Zugehörigkeit zu einer spezifischen Religion derart verflechten, sind politische Auseinandersetzungen von Anfang an religiös akzentuiert. Besonders kritisch wird die Situation, wenn die Macht dann auch noch bei einer religiösen Minderheit liegt." (Schweizer 2016: S. 423). Außerdem stellte er fest: „Die Sunniten sind mehrheitlich gegen die Alawiten abweisend eingestellt, ein Teil feindselig." (ebd.: S. 423).

So kam es in den 1980er Jahren mehrmals zu blutigen Aufständen sunnitischer Islamisten unter der islamistischen Organisation der Muslimbrüder. Es wurde zum einen ein Protest gegen politische und soziale Ungerechtigkeit, aber vor allem ein Kampf gegen die Herrschaft der Alawiten unter Hafiz al-Assad. Der Höhepunkt dieses Aufstandes ist das Massaker von Hama, wo Schätzungen zu Folge zwischen 10 000 bis 40 000 Menschen ihr Leben verloren. Das Massaker bedeutete zugleich das Ende der Aktivitäten der Muslimbrüder innerhalb Syriens, die seitdem als reine Exilorganisation fungieren (vgl. Lübben 2012: S. 88-90).

Das Vorgehen, die Organisation zu verbieten, rechtfertigte der syrische Staat damit, dass diese ihren Ursprung in Ägypten habe und somit eine externe Bedrohung für den religiösen Pluralismus in Syrien darstelle. Heute agieren ihre Führer aus dem Ausland und besetzen hohe Positionen im syrischen Nationalrat, welcher die stärkste oppositionelle Kraft innerhalb dieses politischen Bündnisses bildet (vgl. Riedel 2017: S. 18).

Neben den Muslimbrüdern existieren auch Oppositionsgruppen, welche sich direkt der Islamischen Front zuordnen. Dazu gehört z. B. die salafistische Rebellengruppe Dschaisch al-Islam in Syrien, welche sich zum Ziel macht einen islamischen Staat zu errichten, dessen Rechtssystem sich auf einen Ur-Islam beziehen soll. Das gleiche Ziel haben auch die dschihadistische Al-Nusra Front und der Islamische Staat (IS) in Syrien. Diese werden als islamistische Terrororganisation international geächtet (vgl. Riedel 2017: S. 18-19).

Weitere Akteure sind die kurdischen Volksschutzeinheiten, welche auch durch Waffenlieferungen und anfänglich auch durch Truppen der USA unterstützt wurden. Die Truppen wurden allerdings unter der Führung des ehemaligen Präsidenten Donald Trump zurückgezogen. Ziel der kurdischen Milizen ist es, einen eigenen Staat zu gründen, wie es nach dem Verfall des osmanischen Reiches von den Alliierten in Aussicht gestellt war. Die Türkei stuft die kurdischen Milizen als Terrororganisation ein und befürchtet, dass ein von Kurden kontrolliertes Gebiet in Syrien, welches an der Türkei grenzt, die Kurden in der Türkei in ihrem separatistischen Bestreben bestärken könnte. In Verhandlungen mit Russland, wurde der Türkei die Hilfe zugesichert, bis zu 15 Kilometern auf syrischen Boden gegen die kurdischen Milizen vorgehen zu können. Von der türkischen Armee eroberte Gebiete darf der türkische Präsident allerdings nicht dauerhaft besetzen. Gleichzeitig heißt das aber auch, dass die Türkei die Herrschaft Assads anerkennt, was anfänglich nicht der Fall war (vgl. Auel 2019: o.S.).

Am Anfang des Bürgerkriegs war die Türkei das Land, das die Rebellen am meisten unterstützte. Präsident Assad erklärte in einem Interview 2012 mit dem Fernsehkanal „Russia Today", dass in Syrien ein neuer Kriegsstil erprobt werde, der sogenannte Stellvertreterterrorismus. Seine Truppen führen zwar einen harten und komplizierten Krieg, dieser wäre aber innerhalb kürzester Zeit beendet. Schuld daran seien die anderen Länder, die den Rebellen Waffen, politischen Rückhalt und große Mengen Geld zukommen lassen würden (vgl. Russia Today 2012: o.S.). Russia Today gibt an, dass sie eine Organisation ist, die aus dem Budget der Russischen Föderation öffentlich finanziert wird und eine alternative Informationsquelle jenseits des Mainstreams grade auch im Hinblick auf den Konflikt in Syrien darstellt (vgl. Russia Today Hauptseite).

Das Assad-Regime wird neben China und dem Iran insbesondere von Russland unterstützt. Auf der anderen Seite stehen die Rebellen und die syrische Opposition, welche von den USA, den Europäern und den arabischen Golfstaaten finanziell und militärisch gegen Assad ausgestattet werden. (vgl. Asseburg 2013: o.S.).

Ob Assad den Bürgerkrieg ohne internationalen Eingriff innerhalb kürzester Zeit hätte beenden können und wie so eine Beendigung ausgesehen hätte, wird nicht beantwortet werden können.

6.2 Der Weg in den Bürgerkrieg

Ursprünglich führten Korruption, Misswirtschaft und die Ausbeutung der ärmeren Volksschichten 2011 zu Massenprotesten, um die Aufmerksamkeit auf die Missstände zu lenken. Die bisher größten Protestaktionen fanden am 22. April in mehreren Städten Syriens statt. Diese wurden aber durch die Regierung gewaltsam niedergeschlagen, wodurch mehrere Menschen ihr Leben verloren. Die Demonstranten forderten daraufhin den Rücktritt des Präsidenten. Die Regierung reagierte mit Härte auf die immer größer werdenden Unruhen. Daraa und Homs wurden durch das Regime abgeriegelt und das Militär setzte Waffen gegen die Demonstranten ein, wodurch hunderte Menschen in wenigen Tagen starben. Die Demonstrationen verbreiten sich schnell über das gesamte Land (vgl. Ziegele 2020: o.S.).

Den Charakter eines Bürgerkriegs nahmen die Proteste an, als tausende Soldaten aus der syrischen Armee im Sommer 2011 desertierten. Die Soldaten sind hauptsächlich Sunniten, die nicht mehr unter der Führung alawitischer Offiziere gegen Aufständische ihrer eigenen sunnitischen Konfession kämpfen wollen. Sie sehen sich zwar als „Islamisten", aber wünschen einen konservativ islamischen Staat, aber mit säkularer Komponente, ähnlich wie die Türkei. Sie bilden die „Freie Syrische Armee" (FSA), die an der Seite der Demonstranten den Sturz Assads fordern (vgl. Schweizer 2016: S. 433).

Anfänglich sah die FSA ihre Aufgabe noch darin, die Demonstrationen und Beerdigungsprozessionen zu schützen. Bald wurde von ihr allerdings erwartet, ganze Stadtviertel, in denen protestiert wurde, gegen die vom Regime eingesetzten paramilitärischen Milizen zu verteidigen. Infolgedessen kam es schnell von defensiven zu offensiven Operationen der FSA gegen die Regimekräfte, wodurch die Rebellen ganze Stadtviertel in Städten wie Homs und Hama unter ihre Kontrolle brachten. Darauf reagierte die Regierung mit einer Ausweitung der Gewaltanwendung und dem Beschuss dieser Viertel durch schwere Artillerie (vgl. Asseburg 2013: o.S.).

Im Sommer 2012 begann das Regime damit, die Luftwaffe gegen die Rebellen einzuschalten, als diese begannen, Teile von Damaskus und Aleppo einzunehmen. Aus einer Auseinandersetzung um politische Macht wurde zunehmend ein Kampf um das physische Überleben. Kurze Ruhepausen, auch zur Verpflegung von Verwundeten, wurden durch temporäre, lokale Waffenruhen ermöglicht. Diese führten aber nicht zum Ende der Eskalation. Auch ohne Erfolg waren die Vermittlungsbemühungen durch die Sondergesandten der EU und der Arabischen Liga. Durch die zunehmenden militärischen Erfolge der Rebellen im Spätherbst 2012, zog sich das Regime aus Teilen des Staatsgebiets zurück. Seitdem wurden Dörfer, kleinere Städte und ländliche Gebiete im Südwesten und Südosten des Landes sowie an der libanesischen und türkischen Grenze von unterschiedlichen Rebellengruppen kontrolliert (vgl. ebd.: o.S.). Bis Ende 2012 flohen bereits eine halbe Millionen Syrerinnen und Syrer in benachbarte Länder. Die meisten Flüchtlinge begaben sich in die Türkei, Libanon und Jordanien. Schon im März 2013 wurde die Millionengrenze erreicht (vgl. Worm 2019: S. 108).

Die aus der „Arbeiterpartei Kurdistans" hervorgegange „Partei der Demokratischen Einheit" kontrolliert bis heute Teile der kurdischen Gebiete im Norden und Nordosten Syriens. Die Einnahme größerer zusammenhängender Gebiete oder eine der bedeutenden Städte vollständig und dauerhaft zu kontrollieren, gelang den Rebellen aber bisher nicht. Auch der Schutz der Zivilbevölkerung gegen die Luftwaffe, ist in den eingenommenen Zonen nicht möglich. Zudem werden in den besetzten Gebieten kaum noch öffentliche Dienstleistungen, wie Krankenhäuser oder das Schulwesen angeboten. Auch die Versorgung von Gütermitteln leidet stark (vgl. Asseburg 2013: o.S.).

Neben die militärisch organisierten Rebellentruppen rückten sehr bald verschiedene islamistische Fraktionen, die sich in einem Dachverband mit dem Namen „Islamische Front" zusammenschlossen, um die Unzufriedenheit der Volksmassen für ihre Ziele zu instrumentalisieren (vgl. Schweizer 2016: S. 433). Dieses im Jahr 2013 eingegangene Bündnis der Rebellengruppen wurde von Saudi-Arabien unterstützt. Zusammen stellen sie die größte oppositionelle Gruppierung gegen das Assad Regime (vgl. Bilal 2016: o.S.).

In den Jahren 2014 bis Anfang 2016 konzentrierte sich ein wesentlicher Aspekt der Konfliktkonstellationen zwischen Oppositionsgruppen und den sich ausbreitenden IS-Kampftruppen. So kam es z. B. in Idlib und Aleppo von Januar bis März 2014 zu immensen Gefechten zwischen IS-Milizen und einem Bündnis aus FSA- affiliierten Gruppen und sunnitischen Milizengruppen, welche sich der „Islamischen Front" zuordneten (vgl. Worms 2019: S.103).

In den Jahren 2016 bis 2017 gelang es der syrischen Regierung mit Hilfe der Verbündeten große Teile des Landes einzunehmen. Neben den von Rebellen besetzten Gebieten, wurde hauptsächlich die territoriale Basis des IS in Syrien zurückerobert (vgl. Asseburg 2017: o.S.).

6.3 Menschenrechtsverstöße

Während des Bürgerkrieges in Syrien kam und kommt es zu einer Vielzahl von Menschenrechtsverstößen, welche die Hauptursachen der Flucht von Syrerinnen und Syrern darstellen.

„Internationale Menschenrechte sind die durch das internationale Recht garantierten Rechtsansprüche von Personen gegen den Staat oder staatsähnliche Gebilde, die dem Schutz grundlegender Aspekte der menschlichen Person und ihrer Würde in Friedenszeiten und im Krieg dienen." (Kälin et al. 2004: S. 17).

6.3.1 Menschenrechtsverstöße durch Regierungstruppen

Seit Mitte 2012 wenden Regierungstruppen unterschiedlos wirkende und verbotene Waffen gegen Gebiete an, die von oppositionellen Gruppen kontrolliert werden. Die Truppen unternehmen sowohl gezielte, als auch wahllose Angriffe auf Wohngebiete aus der Luft und mit Artillerie (vgl. Amnesty Report 2020: o.S.).

Hochexplodierende Fassbomben werden eingesetzt, die aus Hubschraubern geworfen werden und viele Zivilpersonen töten, darunter auch Kinder. Fassbomben sind mit Sprengstoff und Metallteilen gefüllte Kanister, welche beim Aufprall am Boden gewaltige Explosionen verursachen. Zeitweise werden täglich dutzende dieser Fässer über Oppositionsgebiete in z. B. Aleppo, Idlib und Daraa abgeworfen, wodurch ganze Stadtviertel zerstört werden (vgl. Roth 2015: o.S.).

In der Resolution 2139 des UN-Sicherheitsrates 2014 wurden alle Konfliktparteien dazu aufgefordert, sofort alle Gewalthandlungen, die in Syrien zu menschlichem Leid führen einzustellen (vgl. UN-Resolution 2014: o.S.).

In den folgenden zehn Monaten wurden trotzdem circa 8000 Zivilpersonen durch Artilleriebeschuss und andere wahllose Angriffe gestorben (vgl. Amnesty Report 2016: o.S.).

Zum Einsatz kamen zudem immer wieder Giftgase. Nach derartigen Angriffen im August 2013, in Ost-Ghouta bei Damaskus, verloren hunderte Menschen ihr Leben. Daraufhin musste das Assad-Regime seine Chemiewaffen auf internationalen Druck hin vernichten. Das Land trat in dem Zuge der internationalen Chemiewaffenkonvention bei und entging somit einer Strafaktion durch den damals regierenden US-Präsidenten Barack Obama. Angriffe durch Giftgas blieben trotzdem nicht aus. Assad wies jedoch jegliche Verantwortung von sich (vgl. Hechler/Beres 2020: o.S.).

Außerdem benutzen die Regierungstruppen mehrfach Streubomben, die zahllose kleine Brandbomben freisetzen, welche sich großflächig verteilen. Die Opfer erleiden dadurch oft schwere Verbrennungen, die teilweise tödlich enden. Auch Scharfschützen der Regierung schießen immer wieder auf Einwohner. Neben dem gezielten Waffengebrauch gegen Rebellen und die Zivilbevölkerung, kommt es während des Bürgerkriegs zu Belagerungen und die Verweigerung des Zugangs zu humanitären Mitteln. Regierungskräfte belagern über lange Zeiträume hinweg Wohngebiete, wie z. B. in Homs und Damaskus. Die in den Gebieten eingeschlossenen Bewohner leiden in dieser Zeit an Hunger, sind von medizinischer Hilfe und anderen überlebenswichtigen Versorgungsleistungen abgeschnitten. Zudem werden gezielte Angriffe auf Gesundheitseinrichtungen und medizinisches Personal in den Gebieten, die durch die Rebellen kontrolliert werden ausgeführt. Darüber hinaus verhindern Regierungstruppen, dass humanitäre Hilfslieferungen, wie Medikamente und medizinische Ausrüstung zu Hilfszentren und Krankenhäusern gelangen. Um die medizinische Versorgung in diesen Gebieten einzuschränken oder teilweise zum Erliegen zu bringen, werden Ärzte, Pflegepersonal und freiwillige Helfer festgenommen und inhaftiert (vgl. Amnesty Report 2016: o.S.).

Während des Bürgerkriegs verschwinden tausende Menschen durch Sicherheitskräfte der Regierung. Ein Großteil der in den letzten Jahren „verschwundenen" oder entführten Menschen, darunter zum Teil ganze Familien, sind bis heute nicht auffindbar. Auskunft über Inhaftierte geben die Behörden nur äußerst selten. Zudem wird der Zugang zu Rechtsbeiständen und der Kontakt zu Familienangehörigen in den meisten Fällen nicht gewährt. Viele Menschen verlieren ihr Leben in den unterschiedlichen Hafteinrichtungen der Regierung. Grund dafür sind zum einen äußerst schlechte Haftbedingungen, aber vor allem Folter und andere Misshandlungen. Unter den Gefangenen befinden sich Rebellen, Regierungskritiker und friedliche Oppositionelle, welche zum Teil lediglich von ihrem Recht der Meinungsfreiheit gebrauch gemacht haben. Diese werden vor das 2012 eingeführte Antiterrorgericht und vor militärische Feldgerichte gestellt. Deren Verhandlungen und Urteile, entsprechen aber nicht den internationalen Standards für faire Gerichtsverfahren (vgl. ebd.: o.S.).

Die Todesstrafe in Syrien bleibt weiterhin in Kraft und die Behörden machen so gut wie keine Angaben zu Todesurteilen und Hinrichtungen (vgl. Amnesty Report 2020: o.S.).

Zwischen Ende 2011 bis April 2012 wurden mindestens 100 Fälle von außergerichtlichen Hinrichtungen dokumentiert. Beteiligt waren Regierungstruppen und regierungsnahe Milizen, welche nicht nur Oppositionskämpfer, von denen keine Gefahr mehr ausging hinrichteten, sondern auch Zivilisten, welche auch keine Gefahr für die Sicherheitskräfte darstellten (vgl. Human Rights Watch 2012: o.S.).

Bei einer Berichtvorstellung der UNO 2018 stellte sich heraus, dass Truppen des syrischen Regimes gezielt sexuelle Gewalt gegen Frauen, Kindern und Männer eingesetzt haben. Der 29 Seiten lange Bericht besteht auf der Grundlage von 454 Interviews. Befragt wurden hierfür Überlebende, Augenzeugen, Überläufer, Anwälte und medizinisches Personal. Während des Bürgerkriegs sollen bei Hausdurchsuchungen, Bodenoperationen, Kontrollpunkten und in Haftanstalten Bürger beider Geschlechter, aber vor allem Frauen und Mädchen durch Regierungstruppen vergewaltigt worden sein. Sexuelle Gewalt wurde dabei eingesetzt, um

Geständnisse zu erzwingen, Informationen zu extrahieren, zu bestrafen und die Oppositionsgemeinschaft zu terrorisieren (vgl. UN-Menschenrechtsrat 2018: S. 4-11).

6.3.2 Menschenrechtsverstöße durch bewaffnete Gruppen

Auch von Seiten der Rebellen kommt es während des Bürgerkriegs zu zahlreichen Menschenrechtsverletzungen und Kriegsverbrechen. Dazu gehören neben dem IS und der Al-Nusra-Front, welche auch ausländische Kämpfer rekrutieren, auch Gruppen, welche zur Freien Syrischen Armee gehören oder mit ihr verbündet sind (vgl. Amnesty Report 2016: o.S.).

Mörser, Panzer- und Artilleriegranaten kommen bei den bewaffneten Oppositionsgruppen bei Angriffen auf Wohngebiete, welche von Regierungstruppen besetzt sind zum Einsatz. Dabei werden in den meisten Fällen zahlreiche Zivilpersonen verletzt und getötet. Zudem begehen vor allem der IS und die Al-Nusra Front während des Bürgerkriegs zahlreiche Selbstmordattentate. Ein gängiges Mittel ist die Beladung von PKWs und Lastwagen mit Sprengstoff, welche in Gebieten unter Regierungskontrolle gezündet werden (vgl. ebd.: o.S.).

Neben Selbstmordattentaten verüben Rebellen, welche vor allem dem IS angehören, immer wieder rechtswidrige Tötungen an gefangen genommenen Regierungssoldaten, Angehörigen rivalisierender bewaffneter Gruppen sowie Medienschaffenden und gefangen genommenen Zivilpersonen. Diese werden meist im Vorfeld entführt, gefoltert, anderweitig misshandelt und meist dann hingerichtet. So kommt es in von den IS regierten Gebieten wie z. B. Raqqa, häufig zu öffentlichen Hinrichtungen unter der strengen Auslegung des dort neu eingeführten islamischen Rechts. Zunächst werden die Opfer beschuldigt und dann vor den Augen vieler Menschen, darunter auch Kinder, erschossen oder enthauptet (vgl. ebd.: o.S.).

Ein weiteres Beispiel ist die im August 2013 gestartete Militäroffensive im Verwaltungsbezirk Latakia, in der mindestens 190 Zivilisten getötet wurden, größten Teils durch Hinrichtungen. Es sollen über 20 verschiedene bewaffnete Oppositionsgruppen an der gezielten Operation gegen die Zivilbevölkerung, vor allem alawitisch geprägter Dörfer, beteiligt gewesen sein (vgl. Human Rights Watch 2013: o.S.).

Auch die bewaffneten Rebellen belagern Regierungsgebiete, wodurch der humanitäre Zugang verweigert wird. Dadurch ist die Bevölkerung in diesen Arealen abgeschnitten von Nahrungsmitteln, Wasser und anderen notwendigen Gütern (vgl. Amnesty Report 2016: o.S.).

Der IS verfolgte in den eingenommenen Gebieten zwei Strategien, um zu versuchen die Gebiete längerfristig halten zu können. Zum einen kam es zur brutalen Verfolgung und Einschüchterung von Oppositionellen und religiösen Minderheiten mit dem Aufbau von quasi-staatlichen Organisationsstrukturen. Auf der anderen wurden zur Stabilisierung der eigenen

Aktivitäten typische Muster von Gewaltmärkten aufgewiesen. Diese zeichneten sich durch Steuererhebungen, Plünderungen und Erpressungen ab (vgl. Worms 2019: S. 103).

Obwohl es laut des UN-Menschenrechtsrats seltener vorkommt, werden auch Fälle von Vergewaltigungen von Frauen, Männern und Kinder auf Seiten bewaffneter Oppositioneller dokumentiert. Diese Handlungen verstoßen gegen grundlegende internationale Menschenrechtsnormen und schädigen die physische und körperliche Gesundheit der Opfer (vgl. UN-Menschenrechtsrat 2018: S. 13). Der IS hat routinemäßig Frauen und Männer wegen nicht genehmigten Kontakts zum anderen Geschlecht hingerichtet, der auf Anklage wegen Ehebruchs zurückzuführen ist. Durch die von dem IS auferlegte Kleiderordnung für Frauen und Männer, kommt es vor allem für Frauen zur Bestrafung durch Peitschenhiebe, wenn diese nicht eingehalten wird. Zudem werden Frauen und Mädchen im Alter zwischen zwölf und sechzehn Jahren, in den vom IS regierten Gebieten, mit IS Kämpfern zwangsverheiratet. Um dies zu vermeiden, verheiraten viele Familien ihre Töchter bereits im jungen Alter mit anderen Männern (vgl. UN-Menschenrechtsrat 2018: S. 13).

Sowohl der IS als auch die dschihadistische al-Nusra-Front, zielen auf die Hinrichtung sexueller Minderheiten und Personen ab, denen homosexuelles Verhalten vorgeworfen wird. Männer als auch Jungen, die von älteren Männern vergewaltigt wurden, werden wegen Sodomie hingerichtet (vgl. UN-Menschenrechtsrat 2018: S. 17).

7. Gefahren der Flucht

Damit die Schwäre der Fluchtgründe der Syrerinnen und Syrer besser dargestellt werden kann, ist es wichtig einen Blick darauf zu werfen, welche Umstände die Menschen auf sich nehmen, um den Gefahren ihres Landes zu entkommen.

Um den Menschenrechtsverletzungen und der Verfolgung in ihrem Land zu entkommen, werden gefährliche Fluchtrouten in Kauf genommen. Besonders der Weg über das Mittelmeer gehört zu den riskantesten Routen. Die Zahlen der Toten und Vermissten verdeutlichen, wie verzweifelt die Menschen sind. So ertranken oder verschwanden laut der UNO Flüchtlingshilfe im Jahr 2016 über 5000 Menschen im Mittelmeer. Die Zahl der Toten und Vermissten sind jedoch nur Schätzungen, denn die genaue Zahl der Opfer kann nicht ermittelt werden und bleibt somit für immer im Dunkeln. Syrerinnen und Syrer nutzen vor allem die östliche Route über das Mittelmeer (vgl. UNHCR 2021: o.S.).

Die meisten syrischen Flüchtlinge flüchten über die Balkanroute, nachdem sie Griechenland über das Mittelmeer erreicht haben. Über die danach folgende Flucht durch Nordmazedonien, Serbien und Ungarn gelangen viele nach Österreich. Während der Flucht sind die Menschen

13

grauenvollen Verhältnissen und Misshandlungen ausgesetzt. So kam es z. B. 2015 in Serbien zu massiver Polizeigewalt, nachdem Flüchtlinge die Einweisung in ungarische Aufnahmelager versuchten zu vermeiden (vgl. Herbert/Schönhagen 2020: O.S.).

Zudem werden Flüchtlinge immer wieder Opfer von skrupellosen Schleppern, welche viel Geld für das Schleusen über Grenzen und durch Länder verlangen. Eines der bekanntesten Beispiele ereignete sich am 28. August 2015, als ein Lastwagen im österreichischen Burgenland entdeckt wurde, in dem 71 Tote lagen. Die im Lastwagen erstickten Flüchtlinge aus Syrien, dem Irak, Afghanistan und dem Iran wurden von den Schleppern zurückgelassen (vgl. ebd. 2020: O.S.).

8. Aktuelle Lage

Nach zehn Jahren Bürgerkrieg, beschränken sich die militärischen Auseinandersetzungen zwischen den Truppen der Regierung, Oppositionsgruppen und den islamistischen Milizen mittlerweile überwiegend auf die Region Idlib im Nordwesten Syriens. Über den Rest des Landes herrscht Präsident al-Assad (vgl. Wieland 2020: o.S.). Mehr als 6,6 Millionen Flüchtlinge aus Syrien hat das UN-Flüchtlingskommissariat bisher registriert. Die Türkei hat mit circa 3,6 Millionen, die meisten Flüchtlinge aufgenommen (vgl. UNHCR 2021: o.S.).

Ein Großteil der nach Deutschland geflüchteten Syrer kamen in den Jahren von 2010 bis 2017. Bis ende 2017 suchten circa 700000 syrische Flüchtlinge Schutz in Deutschland. Das waren fast 23-mal so viele Menschen, wie vor dem Ausbruch des Krieges in ihrem Herkunftsland. Dadurch wurden sie zur drittgrößten Gruppe ausländischer Staatsangehöriger in Deutschland (vgl. Worbs et al. 2019: S.2). Auch im Jahr 2020 dokumentiert das Bundesamt für Migration und Flüchtlinge (BaMF) den Großteil der Asylanträge aus Syrien. Mit 35,5%, also 36433 von 102581, bilden syrische Flüchtlinge die Mehrheit der Asylsuchenden (vgl. BaMF 2020: S. 9).

Auch, wenn die meisten Flüchtlinge ihre Rückkehr in naher Zukunft als unwahrscheinlich ansehen, hofft ein Großteil darauf, eines Tages wieder zurück nach Syrien gehen zu können. Neben den Flüchtlingen, die ihr Land verlassen haben, gibt es auch 6,7 Millionen Binnenflüchtlinge. Binnenflüchtlinge fliehen bei kritischer Sicherheitslage innerhalb des Landes (vgl. UNHCR 2021: o.S.).

Die im Land verbleibende Bevölkerung leidet weiterhin unter dem omnipräsenten Geheimdienstapparat. Willkürliche Verhaftungen, Folter, Zerstörung und Vertreibung sind allgegenwärtig in der Bevölkerung. Selbst in Assad-treuen Teilen wächst der Unmut (vgl. Wieland 2020: o.S.).

Wladimir Putin und Recep Tayyip Erdoğan verkündeten Anfang 2020 in Moskau ihre Einigung einer Waffenruhe in der syrischen Region Idlib. Ihr Verhältnis ist seit mehreren Jahren kompliziert, denn dieses besteht aus einer Mischung von Vertrauen und Misstrauen. Deswegen bleibt auch der Waffenstillstand ein fragiler Prozess. Es kommt zu Vorwürfen von Russland gegen die Türkei, da diese nichts gegen die radikalislamische Al-Nusra in Idlib unternommen haben soll. Die Al-Nusra hat sich über die Jahre zur militärisch stärksten oppositionellen Kraft in der Provinz entwickelt (vgl. ebd.: o. S.).

Aufgrund der momentanen Lage ist die syrische Quellenlandschaft für aktuelle Informationen stark beschnitten. Trotzdem lassen sich auf der Seite von „Malteser International" genauere Informationen über die Situation der Flüchtlinge in Syrien im Jahr 2020 finden. Es wird beschrieben, dass fast drei Millionen Menschen in der Grenzregion Idlib dringend auf humanitäre Hilfe angewiesen sind. Es gäbe für sie kein Ausweg, denn die Grenzen zur Türkei seien abgeriegelt. Die in Zeltstätten lebenden Binnenflüchtlinge sind unmenschlichen Verhältnissen ausgesetzt. Durch die Minustemperaturen im Winter verloren einige Menschen ihr Leben (vgl. Malteser International 2021: o.S.).

Die Schwächung der Infrastruktur durch die gezielte Bombardierung von Gesundheitseinrichtungen resultiert in einer medizinischen Unterversorgung. Das Gesundheitssystem ist stark überfordert mit der Covid-19 Pandemie und den damit einhergehenden schweren Verläufen von Patienten (Wieland 2020: o.S.).

„Nach vielen Jahren des Leids möchten die Menschen endlich Fortschritte sehen und kritisieren Korruption, fehlende Perspektiven und den Zerfall des Staates, der zur Beute rivalisierender Machtnetzwerke und Milizen geworden ist." (vgl. ebd.: o.S.).

9. Fazit

Vor zehn Jahren gingen die Menschen voller Hoffnung auf Demokratie in Daraa auf die Straße. Assad schlug diese Demonstration blutig nieder und es folgte ein Krieg der hunderttausenden von Menschen das Leben kostete.

Der Bürgerkrieg hält bis heute an und Menschen flüchten weiterhin. Ein Ende ist nicht absehbar. Es ist zu hoffen, dass der bis heute anhaltende Bürgerkrieg bei den beteiligten Gruppierungen, eines Tages zur Ernüchterung führt. Wegen der starken Spaltung des Landes ist es entscheidend, dass die Partizipierenden einen Konsens finden, um ein friedliches Miteinander entwickeln zu können.

Das autoritäre Regime, welches seit Jahrzehnten die Politik des Staates bestimmt, bedarf einer Reformation. Es herrscht damals wie heute mit systematischer Bespitzelung, Furcht, Folter und Repressionen. Obwohl die Wirtschaft unter Baschar al-Assad am Anfang seiner Amtszeit einen Aufschwung erlebte, profitierten von dem korrupten System überwiegend ihm wohlgesonnene.

Assad konnte mit seinen Wirtschaftsreformen die tiefe Kluft zwischen arm und reich nicht schmälern.

Insbesondere die extremen Gruppierungen verfolgen das Ziel, eines auf der Scharia, dem Gesetzt Allahs, fußenden Staates. Durch das Stellen der Scharia über das weltliche Recht ist abzuzeichnen, das Syrien wahrscheinlich auch in Zukunft instabil bleiben wird. Es besteht ein Bedarf an Wegen zur Vermittlung von religiöser Toleranz und Religionsfreiheit.

Das Land braucht Reformen, die der Korruption, Gewalt und Verfolgung Andersdenkender entgegenwirken. Es muss eine Annäherung zwischen Regierung und Bevölkerung stattfinden, welche derzeit nicht in Sicht ist. Denn auch in Gebieten, welche vom Regime kontrolliert werden, leiden die Menschen an Armut und Hunger. Insbesondere die Kinder sind die Leittragenden. Es wächst eine ganze Generation zwischen Chaos und Gewalt auf.

Wer auch immer aus dem Bürgerkrieg als „Sieger" hervorgehen sollte, die Bevölkerung wird wahrscheinlich gespalten bleiben. Der niederländische Philosoph Baruch de Spinoza (1632-1677), zieht bereits vor 500 Jahren den Schluss: „Friede ist nicht die Abwesenheit von Krieg. Friede ist eine Tugend, eine Geisteshaltung, eine Neigung zu Güte, Vertrauen, Gerechtigkeit." (vgl. Kreševljaković 2015: o.S.).

10. Quellen

Amnesty International Report (2016): „Syrien 2015" (abgerufen am 17.3.21 unter: https://www.amnesty.de/jahresbericht/2015/syrien#section-9536)

Amnesty International Report (2020): „Syrien 2019" (abgerufen am 18.3.21 unter: https://www.amnesty.de/jahresbericht/2019/syrien)

Asseburg, M. (2011): „Die historische Zäsur des arabischen Frühlings" in: Bundeszentrale für politische Bildung (abgerufen am 5.3.21 unter: https://www.bpb.de/internationales/afrika/arabischer-fruehling/52389/einfuehrung)

Asseburg, M. (2017): „Der Syrienkonflikt und die Regionalmächte" in: Bundeszentrale für politische Bildung (abgerufen am 7.3.21 unter: https://www.bpb.de/internationales/weltweit/innerstaatliche-konflikte/200965/der-syrien-konflikt-und-die-regionalmaechte)

Auel, J. (2019): „Wer welche Interessen im Nordsyrien-Konflikt verfolgt" in: Süddeutsche Zeitung (abgerufen am 14.3.21 unter: https://www.sueddeutsche.de/politik/syrien-krieg-ueberblick-1.4654366)

Auswärtiges Amt (2019): „Syrien-Überblick" (abgerufen am 12.3.21 unter: https://www.auswaertiges-amt.de/de/aussenpolitik/laender/syrien-node/syrien/204260)

Bank, A. & Mohns, E. (2013): „Die syrische Revolte" in Jünemann, A. & Zorob, A. (Hrsg.) (2013): „Arabellions", Wiesbaden: Springer

Bawey, B. (2016): „Assads Kampf um die Macht - Eine Einführung zum Syrienkonflikt", Wiesbaden: Springer

Beres, E. & Hechler, D. (2020): „Assads grausamste Waffe" in: Tagesschau (abgerufen am 18.3.21 unter: https://www.tagesschau.de/ausland/syrien-chemiewaffen-107.html)

Bilal, G. (2016): „Die Spaltung des Jihad-Salafismus in Syrien" in Bundeszentrale für politische Bildung (abgerufen am 16.3.21 unter: https://www.bpb.de/politik/extremismus/islamismus/223465/die-spaltung-des-jihad-salafismus-in-syrien)

Bundesamt für Migration und Flüchtlinge (2020): „Aktuelle Zahlen" (abgerufen am 28.3.21 https://www.bamf.de/SharedDocs/Anlagen/DE/Statistik/AsylinZahlen/aktuelle-zahlen-dezember-2020.pdf?__blob=publicationFile&v=5)

Dunia, K. (2012): „Der Aufstand der Frauen - Der Kampf um Würde und Gleichberechtigung" in Bender, L. (Hrsg.) (2012): „Syrien - Der schwierige Weg in die Freiheit", Bonn: Dietz- Verlag

Herbert, U. & Schönhagen, J. (2020): „Vor dem 5. September. Die „Flüchtlingskrise" 2015 im historischen Kontext" in Bundeszentrale für politische Bildung (abgerufen am 29.3.21 unter: https://www.bpb.de/apuz/312832/vor-dem-5-september-die-fluechtlingskrise-2015-im-historischen-kontext)

Hinnebusch, R. (2012): „Syria: from authoritarian upgrading to revolution" in „International Affairs 88", Oxford University Press

Human Rights Watch (2012): „Syrien: Außergerichtliche Hinrichtungen" (abgerufen am 18.3.21 unter: https://www.hrw.org/de/news/2012/04/09/syrien-aussergerichtliche-hinrichtungen)

Human Rights Watch (2013): „You can still see their blood" (abgerufen am 19.3.21 unter: https://www.hrw.org/report/2013/10/10/you-can-still-see-their-blood/executions-indiscriminate-shootings-and-hostage)

Kälin, W. & Müller, L. & Wyttenbach, J. (2004): „Das Bild der Menschenrechte", Baden: Lars Müller Verlag

Kreševljaković, N. (2015): „Die gekidnappte Bürgerschaft" (abgerufen am 30.3.21 unter: https://www.boell.de/de/2015/12/09/die-gekidnappte-buergerschaft#:~:text=%22Friede%20ist%20nicht%20Abwesenheit%20von,%E2%80%80

%93%20Baruch%20De%20Spinoza%2C%201670.&text=%E2%80%9EEin%20wahr
haftiger%20Frieden%20ist%20nicht,%E2%80%9C)

Lacher, W. (2011): „Libyen nach der Revolution des 17. Februar", in Bundeszentrale für
politische Bildung (abgerufen am 23.3.21 unter:
https://www.bpb.de/internationales/afrika/arabischer-fruehling/52398/libyen)

Lenz, C. & Ruchlak, N. (2001): „Kleines Politik-Lexikon", München; Wien: Oldenbourg
Wissenschaftsverlag

Lübben, I. (2012): „Die syrische Muslimbruderschaft" in Bender, L. (Hrsg.) (2012): „Syrien -
Der schwierige Weg in die Freiheit", Bonn: Dietz-Verlag

Malteser International (2020): „Von der Protestbewegung zum Krieg in Syrien -Ein Überblick"
(abgerufen am 26.3.21 unter: https://www.malteser-international.org/de/hilfe-
weltweit/naher-osten/syrien/der-buergerkrieg-in-syrien-ein-ueberblick.html)

Riedel, S. (2017): „Pluralismus im Islam - ein Schlüssel zum Frieden", Berlin: Stiftung
Wissenschaft und Politik

Roth, K. (2015): „Assads Krieg gegen Zivilisten" in: Human Rights Watch (abgerufen am
18.3.21 unter: https://www.hrw.org/de/news/2015/09/23/assads-krieg-gegen-
zivilisten)

Russia Today (2012): „Assad: Erdogan thinks he's Caliph, new Sultan of the Ottomann
(Exlusive)" (abgerufen am 20.3.21 unter: https://www.rt.com/news/assad-interview-
exclusive-syria-265/)

Russia Today Hauptseite: „Über uns" (abgerufen am 26.3.21 unter: https://de.rt.com/uber-uns/)

Schneiders, T. (2013): „Der arabische Frühling in Syrien", Duisburg: Springer

Schulze, R. (2013): „Irhal-„Hau ab" Auf den Wegen zur arabischen Revolte 2011-
sozialgeschichtliche Kontexte eines Epochenbruchs" in Schneiders, T. (Hrsg.) (2013):
„Der Arabische Frühling", Duisburg: Springer

Schweizer, G. (2016): „Syrien verstehen: Geschichte, Gesellschaft und Religion", Stuttgart: Klett-Cotta

UNHCR (2015): „Abkommen über die Rechtsstellung der Flüchtlinge vom 28. Juli 1951" (abgerufen am 28.3.21 unter: https://www.unhcr.org/dach/wp-content/uploads/sites/27/2017/03/GFK_Pocket_2015_RZ_final_ansicht.pdf)

UNHCR (2020): „Flüchtlingszahlen" (abgerufen am 28.3.21 unter: https://www.uno-fluechtlingshilfe.de/informieren/fluechtlingszahlen/)

UNHCR (2021): „Flüchtlingskrise Syrien" (abgerufen am 22.3.21 unter: https://www.uno-fluechtlingshilfe.de/hilfe-weltweit/syrien/)

UNHCR (2021): „Flüchtlingskrise Mittelmeer" (abgerufen am 27.3.21 unter: https://www.uno-fluechtlingshilfe.de/hilfe-weltweit/mittelmeer/)

UN Menschenrechtsrat (2018): „„I lost my dignity": Sexual and gender-based violence in the Syrian Arab Republic", 37. Sitzung

Vereinte Nationen, Sicherheitsrat (2014): „Resolution 2139" (abgerufen am 17.3.21 unter: https://www.un.org/depts/german/sr/sr_14/sr2139.pdf)

Wieland, C. (2020): „Syrien" in Bundeszentrale für politische Bildung (abgerufen am 22.3.21 unter: https://www.bpb.de/internationales/weltweit/innerstaatliche-konflikte/54705/syrien)

Wienold, H. (2020): „Definition Flüchtling" in: Klimke, D. et al. (Hrsg.) (2020) „Lexikon zur Soziologie", Wiesbaden: Springer

Worm, A. (2019): „Fluchtmigration aus Syrien", Göttingen: Universitätsverlag Göttingen

Worbs, S. & Rother, N. & Kreienbrink, A. (2019): „Syrische Migranten in Deutschland als bedeutsame neue Bevölkerungsgruppe", Leibniz-Institut für Sozialwissenschaften (abgerufen am 25.3.21 unter:

https://www.ssoar.info/ssoar/bitstream/handle/document/61160/ssoar-isi-2019-61-worbs_et_al-Syrische_Migranten_in_Deutschland_als.pdf?sequence=1&isAllowed=y&lnkname=ssoar-isi-2019-61-worbs_et_al-Syrische_Migranten_in_Deutschland_als.pdf)

Ziegele, M. (2020): „Der Krieg in Syrien - Eine Chronologie" in Frankfurter Rundschau (abgerufen am 15.3.21 unter: https://www.fr.de/politik/krieg-syrien-eine- chronologie-13551251.html)

11. Anhang

Deutschland 2020 (Bundesamt für Migration und Flüchtlinge)

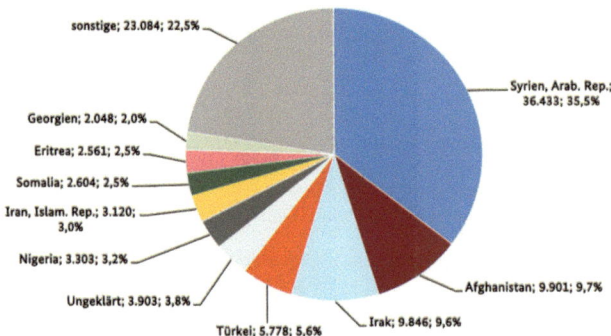

Hauptstaatsangehörigkeiten im Berichtsjahr 2020
Gesamtzahl der Erstanträge: 102.581

Bei den Top-10-Staatsangehörigkeiten im Jahr 2020 steht an erster Stelle Syrien mit einem Anteil von 35,5 % aller Erstanträge. Den zweiten Platz nimmt Afghanistan mit einem Anteil von 9,7 % ein. Danach folgt Irak mit 9,6 %. Mehr als die Hälfte (54,8 % bzw. 56.180 Erstanträge) aller in diesem Zeitraum gestellten Erstanträge entfällt damit auf diese drei Staatsangehörigkeiten.

Quelle: https://www.bamf.de/SharedDocs/Anlagen/DE/Statistik/AsylinZahlen/aktuelle-zahlen-dezember-2020.pdf?__blob=publicationFile&v=5

BEI GRIN MACHT SICH IHR WISSEN BEZAHLT

- Wir veröffentlichen Ihre Hausarbeit, Bachelor- und Masterarbeit

- Ihr eigenes eBook und Buch - weltweit in allen wichtigen Shops

- Verdienen Sie an jedem Verkauf

Jetzt bei www.GRIN.com hochladen und kostenlos publizieren